O PODER CONTRA O MAL
Autor: Lauro Trevisan
Lançamento: novembro 2010
Capa: Andrey Lamberty

CTP/Impressão: Gráfica Pallotti - SM

T814p Trevisan Lauro
O poder contra o mal / Lauro Trevisan - Santa Maria : Editora da Mente, 2014.
56p.

1. Psicologia 2. Autoajuda 3. Religião
4. Motivação I. Título

CDU 159.962.7

Ficha Catalográfica elaborada pela Bibliotecária Eunice de Olivera – CRB 10/1491

EDITORA DA MENTE

Editora e Distribuidora da Mente
Caixa postal 559 – cep:97015-663
Santa Maria, RS, Brasil
Fone: (0xx55)3223.0202
Fax: (0xx55) 32217184
E-mail: mente@laurotrevisan.com.br
Autor:laurotr@uol.com.br
Site:www.editoradamente.com.br

LAURO TREVISAN

O PODER CONTRA O MAL

2ª Edição

Editora da Mente

2014

"Ninguém lançará mão de ti para te fazer mal".

Bíblia

INVOCARAM O MAL CONTRA VOCÊ?

O namorado sumiu,
o casamento vai mal,
os negócios estão indo água abaixo,
a doença está se manifestando,
os amigos desaparecendo,
nada dá certo,
o fracasso bateu à porta,
então a conclusão assustada é que alguém está fazendo mal para essas criaturas.
É assim com você?

EXISTEM PESSOAS QUE DESEJAM O MAL?

Claro que existem.
São os invejosos, os vingativos, os mau-caráter, os fanáticos, os alucinados por paixão desenfreada, os que usam meios maléficos para alcançar objetivos, os que acreditam obter algo por feitiçarias e por forças espirituais nefastas, e algumas pessoas que sofrem alucinações ou doenças mentais.

EXISTE QUEM FAZ RITUAIS MALÉFICOS?

*H*á pessoas que se dizem especialistas e dotadas em resolver os problemas dos outros por meios maléficos e rituais mágicos e lúgubres.

Se os desejos são malvados e antiéticos, os rituais também são voltados para o mal e para o macabro.

Uns enganam por enganar, outros por ignorância.

Todos causam perturbações.

ELES TÊM PODER CONTRA VOCÊ?

Agora vamos ao que interessa a você, que se sente ameaçado ou prejudicado por indivíduos mal-intencionados.

Só existe uma pessoa que tem poderes sobre você: **VOCÊ.**

Todo ser humano tem poder ilimitado apenas sobre si mesmo.

O poder dos outros sobre você termina onde começa o seu poder sobre si.

MAS VOCÊ PODE DAR PODER A OUTROS

É verdade. Quando vai consultar essas pessoas, está pensando que podem fazer algo por você: deu poder. Quando faz o que eles mandam: deu poder. Quando entrega foto, roupa, objetos para manipulações: deu poder. Quando se assusta com as ameaças: deu poder.

Quando não consegue deixar de submeter-se a eles: deu poder.

NÃO DÊ PODER NEGATIVO A NINGUÉM E NINGUÉM FARÁ MAL A VOCÊ

Eis aí a solução. O mal nunca produz o bem.
Toda árvore má só pode produzir frutos maus – disse Jesus.
Cada qual colhe o que semeia – também avisou o Mestre.
Se você entrou numa fria, saia agora mesmo e não tema ameaças porque Deus está do seu lado. Ele é a solução.

SEJA O ÚNICO AUTOR DA SUA VIDA

Se alguém pudesse manobrar sua vida, ou modificá-la, ou prejudicá-la, sem o seu consentimento, nesse caso você não seria autor da sua vida, nem responsável por seus atos e nem teria que prestar contas a Deus por suas atitudes. Não haveria lógica e nem justiça na vida. E o mundo entraria em estado de caos, uns derrubando outros, ninguém sendo ninguém.

COMO FUNCIONA A VIDA HUMANA

O ser humano é corpo/mente/espírito.
O espírito é a fagulha divina, a Divindade que habita o secreto interior. Mais do que isso, diz Jesus que o Pai habita o seu íntimo, ouve você e o atende. Significa que você e Deus são unidade intrínseca. Portanto, não há poder maior em você do que o poder do seu espírito, pois o espírito é Deus em você.

A TRINDADE: CORPO/MENTE/ESPÍRITO

A mente é a maneira como age o espírito em você. O espírito é a dimensão do Poder e Sabedoria imanentes na criatura humana. Percebeu que não há poder maior em você do que você mesmo?

Como usa você o poder?

Pela mente.

A mente cria através do pensamento

e o Poder executa.

TODOS TÊM PODER

Jesus, o maior sábio, o Iluminado do Infinito, o todo-poderoso, disse:

- *Quanto ao poder, quem tem fé tudo pode!*

Pense bem nessa afirmação do Mestre. Você tudo pode. Não precisa invocar malefícios dos outros, que, por sinal, só trazem prejuízos e travam a pessoa. Mude seus padrões negativos e pessimistas de pensamentos e busque a Força dentro de si.

NÃO CONFUNDA ALHOS COM BUGALHOS

A confusão nasce aqui: se todos têm poder, este pode ser exercido contra alguém e, assim, fazer acontecer o mal.
Anote: todos têm poder sobre si mesmos. Já foi explicado.
Você tem poder infinito sobre si mesmo, o outro tem poder infinito sobre ele mesmo.
Alguém só exercerá poder sobre você, se lhe der esse poder.
Entendeu?

O MALEFÍCIO PODE ACONTECER?

Sim, pode acontecer. Não pelo poder de quem quer que seja, mas pelo poder da própria pessoa prejudicada:
quando você tem medo,
ou acredita no mal,
ou aceita os rituais maléficos,
ou acha que lhe fizeram macumba, nesse caso vai acontecer, não pelo poder do macumbeiro, mas porque você deu poder a ele.

PORQUE VOCÊ ATRAI O MALEFÍCIO

- *E*u quero é exatamente evitar o mal que me ameaça – dirá você. O medo atrai. Jó, o personagem da bíblia, caído em desgraça total, exclamou:"O que mais temia me aconteceu!"

Aí você pega o bonde errado e vai pedir ajuda ao bruxo. Ele falou, você acreditou, então você fez acontecer. Tudo resultado da sua fé e poder.

QUEREM QUE VOCÊ ACREDITE

A primeira preocupação do feiticeiro é conseguir que você acredite nele. Para tanto, conta casos e fatos do que fez para alguém, fala de pessoas ricas ou famosas que o consultaram, dá-se a rituais que impressionam, invoca seres superiores, ou inferiores, que provoquem medo ou fé. No momento em que você entra nessa onda, aí vem o preço para fazer o trabalho.

ÚLTIMO RECURSO: AMEAÇAS

Agora que percebeu que ninguém pode fazer mal a você sem o seu consentimento; agora que descobriu que só você faz a sua vida, para o bem ou para o mal, para o sucesso ou para o fracasso; agora que entendeu que o mal só pode produzir o mal, você quer deixar de frequentar o feiticeiro. Resultado: ele ameaça que, se não voltar, seu filho correrá risco de vida. Que maldade horrível!

NÃO TEMA

Não tenha medo se sofrer ameaças de morte. Chantagem indecente. É mais uma razão para evitar definitivamente esse tipo de gente maldosa, insana, infeliz e sem escrúpulos. Isso existe, não é ficção.
Só entra em você o que acredita. Diz a bíblia, em Provérbios:“Maldição gratuita não atinge a sua meta”. (26,2)
Lembre: você e Deus são a Força maior do mundo.

PALAVRAS QUE ASSUSTAM

Muita gente fica de orelha em pé
quando ouve falar de
mau olhado,
olho grande, despacho,
macumba,
enterro de foto no cemitério,
pragas rogadas,
maldições, perseguições,
trabalhos enfeitiçados. Nenhum
mal atinge você,
porque o Pai habita seu interior e
a Luz sempre afugenta as trevas.

A PROTEÇÃO DA BÍBLIA

Deus lhe garante proteção ao orar esse trecho do salmo 90, da bíblia, que já coloquei na primeira pessoa:

"Nenhum mal há de chegar perto de mim;
nenhuma desgraça baterá à minha porta;
pois o Senhor deu uma ordem aos seus anjos para em todos os caminhos me guardarem".

A seguir, diz Deus: *"Ao invocar-me, eu ouvirei e atenderei"*.

DEUS É SUA DEFESA

Está na bíblia, em Salmos:

"Senhor, quero dar-te graças de todo coração
e falar de todas as tuas maravilhas.
Em ti quero alegrar-me e exultar, e cantar louvores ao teu nome,
ó Altíssimo!
Quando meus inimigos contigo se defrontam,
tropeçam e são destruídos.
Pois defendeste o meu direito e a minha causa". (Sl 9,1-4).

TENHA CRENÇAS POSITIVAS

Quero chamar sua atenção para um fator decisivo contra os males do mundo e das pessoas: suas crenças. Arranque de si crenças de que possam lhe fazer mal. O mal nada mais é que treva e a treva não existe, é apenas ausência de luz.

Enquanto sua mente estiver iluminada positivamente, e você se mantiver sob a proteção divina, só lhe acontecerão coisas boas.

VOCÊ É O QUE IMAGINA

Muita gente tem imaginações fantasiosas e perturbadoras. Por exemplo, ideias de um capeta chifrudo, com pata de vaca, rabo sei lá de que bicho, cuspindo fogo. Isso faz parte do besteirol humano. Mas, há pessoas com essas maluquices na cabeça. Afaste da mente todo tipo de superstição. Use a mente para crer no amor de Deus, na felicidade e num mundo abençoado.

OS DEUSES DO MAL

*N*a antiguidade, as calamidades eram atribuídas à ira dos deuses. Havia o deus do trovão, da tempestade, da morte, dos vulcões, dos terremotos, assim por diante. Era necessário aplacar a ira desses deuses, com sacrifícios. Hoje existem resquícios dessas superstições no imaginário humano. Seus medos podem carregar atavismos do passado.

Confie em Deus.

O "deus" ANIMAL

Só para lhe dar um exemplo da ignorância primeva: havia o deus egípcio Seth, que era o pai da desordem, do ciúme, da inveja, da guerra, da violência, do deserto, dos animais e serpentes. Era o espírito do mal, representado por um homem com a cabeça de animal mítico, parecido com cachorro de focinho e orelhas compridas e cauda ereta, ou ainda com a cabeça de um bode.

O "deus" DESPACHO

Você não acredita no Seth, mas será que não se assusta com despacho na frente da sua casa ou na esquina da sua rua? Será que não invoca um deus em forma de galinha morta-vela-acesa-garrafa-de-cachaça?

Se sou contra as religiões? Não. As religiões são caminhos que levam a Deus e não à superstição e ao mal. Note a diferença. Não crie fobias psicológicas.

AS BRUXAS ANDAM SOLTAS?

*H*á uma frase, de origem espanhola, repetida por aí em tom de brincadeira: "Yo no creo en las brujas, pero que las hay, las hay". Eu não acredito em bruxas, mas que existem, existem. Não perturbe sua sanidade mental com essas bobagens.
A vida é você.
Cada qual colhe o que semeia.
O mundo de Deus é um mundo lógico, sábio, justo, consequente.

CONFIE NUM SER SUPERIOR

É muito mais inteligente confiar em Deus, o Ser Supremo, amoroso e todo-poderoso, que é nosso Pai. Essa crença derruba todos os males e entidades maléficas que possam atemorizar você.

"Eis que vos dou poder de calcar serpentes e escorpiões, e toda força do inimigo, e nada vos fará dano algum" – disse Jesus. (Lucas, 10, 19).

O SER HUMANO ACIMA DO MAL

Diz o livro da Sabedoria: *"Deus criou o homem para a incorruptibilidade e o fez imagem de sua própria natureza".(2,23)* Somos imagem da própria natureza divina, portanto incorruptíveis, o mal não pega no ser humano. É por isso que Denis Diderot, pensador francês, avisou: "A superstição é mais injuriosa para Deus do que o ateísmo".

IMAGENS GERAM REALIDADES MENTAIS

Dizia o grande sábio Salomão: *"Assim como imaginou na sua alma, assim é"*. A imaginação atua tão fortemente na mente subconsciente a ponto de dar ideia de realidade. Há pessoas que têm fixações mentais, obsessões. Essas imaginações, para elas, têm força de realidade. Você não se apavore. Saiba que não passam de alucinações.

USE A IMAGINAÇÃO POSITIVAMENTE

O pensador Joseph Murphy escreveu: *"Você se transforma naquilo que imagina ser"*. Aproveite o lado positivo da imaginação. Visualize a casa que deseja, a cura da sua enfermidade, o carro sonhado, o casamento idealizado, a noite bem dormida, o trabalho para o qual se especializou, o salário que quer, a fortuna ambicionada. Use a imaginação positivamente.

VOCÊ É O QUE PENSA

Pensar é ser. Pensar é ter. O pensamento gera a matéria. Sua vida é resultado dos seus pensamentos.
Pensar positivamente é semear a boa semente.
Lembre que a semeadura é livre: você planta o que quiser, mas a colheita é obrigatória. Você colhe necessariamente o que semeou.
Só pense o bem e colherá o bem.
E deixe os outros pensarem o que quiserem.

FALARAM MAL DE VOCÊ?

Se há algo que perturba demais as pessoas é saberem que andaram falando mal, criticando, inventando coisas, caluniando, desmoralizando.

Você não tem força para mudar o mundo, já que há doidos demais na face da terra. Mas, eles são eles, você é você. O problema deles é deles, não seu. Você é o que pensa e não o que os outros pensam. Siga em frente feliz e deixe os cães ladrarem à lua.

E OS INVEJOSOS?

Se há pessoas que o invejam,
é bom sinal: significa que tem
qualidades e dons que brilham
diante dos olhos do mundo.
Se você se magoa, pior para si,
pois entrou em sintonia com a
energia ruim dessa gente.
Mentalize amorosamente que
essas pessoas também alcancem o
que desejam de bom
e agradeça a Deus
por poder inspirá-las a serem
mais do que são.

A SUA INVEJA

Suponhamos que seja você a pessoa que inveja o sucesso ou as qualidades de alguém.
Não há motivo para tal.
Você sabe que o pensamento produz a realidade.
Mentalize em você os valores e dons que gostaria de possuir.
E agradeça mentalmente a essa pessoa por lhe inspirar tal sugestão.
Essa é a melhor e mais inteligente atitude.

CIUMENTOS

Ciúme nunca é bom, como alguns afirmam. Ciúme é choque entre energias positivas e negativas.
Resultado: raios e trovões.
Ciúme é sinal de insegurança e medo de perder. Pois aí é que tende a acontecer, porque ninguém aguenta muito tempo raios e trovões. Ao invés de amor, haverá estresse. O enciumado precisa reciclar seu coração para ser feliz.

NÃO SE CONTAMINE COM O MAU HUMOR

E quando você tem que se haver com o mau humor de familiares ou de colegas de trabalho?

Parece que eles têm o dom de azucrinar sua vida e você corre o risco iminente de entrar nessa onda maléfica, desagradável e estressante. Se facilita, também você passa a ser mal-humorado. Que fazer para não se contaminar?

ANTÍDOTO CONTRA OS MAL-HUMORADOS

Evite, se possível, gente de mal com a vida. Mas, se fazem parte do seu pequeno universo, não há como evitá-los, então carregue-se de boa vontade e tolerância. Procure brincar interiormente com a carranca deles. Faça humor interno, ao invés de se irritar. Tire o estopim da bomba. Por fim, pense que também são filhos de Deus e precisam do seu bom humor.

ALEGRE OS CARRANCUDOS

Já que você tem que lidar com carrancudo, ofereça a ele o que necessita: riso, alegria, bom humor e boas notícias. Dê bom-dia, mesmo que não tenha resposta. Conte a piada do dia, algum fato positivo, dê-lhe algo que lhe agrade, como o jornal do dia, uma revista, um livro, tudo sem forçar, na maior naturalidade. Visualize o sujeito rindo às gargalhadas.

Isso pega. Se não houver resultado, não esquente.

SE NÃO GOSTAM DE VOCÊ

Pode acontecer que algum vizinho não goste de você, não o cumprimenta, mostra cara de poucos amigos. Se você torcer o nariz e pagar olho por olho, se sentirá mal.

Comece a mentalizar amizade e irradiar amor e simpatia para a pessoa. Então, saúde-a. Ela receberá essa energia boa e retribuirá seus cumprimentos, passando até a conversar amigavelmente.

QUEREM DERRUBAR VOCÊ?

*T*em gente que pensa que sobe na vida derrubando os que estão na frente. Ledo engano. O mal produz o mal. Quem derruba será derrubado. Essa é a Lei do universo.

Há um axioma latino que diz: "Contrária, contráriis curantur". Cura-se o contrário com o contrário. Então, sem se atemorizar, procure ajudar a pessoa a progredir pelo caminho certo.

OS ANIMAIS DO VIZINHO

Se os animais do vizinho atravessam a cerca e entram na sua terra, prontifique-se a ajudá-lo a refazer o cercado, pois será bom para ambos. Não entre em estado de raiva, muito menos de agressão. Pegam-se mais moscas com uma gota de mel do que com um barril de vinagre.

Ter um bom vizinho é a melhor coisa, pois, com certeza, ambos necessitarão, algum dia, da ajuda mútua.

AMEAÇADO DE MORTE

Nunca faça algo tão errado e agressivo que possa atrair ameaças descabidas e descontroladas. Mas, se o fez, ore por seu antagonista, peça perdão e prontifique-se a reparar. Errar é humano, permanecer no erro é burrice. No entanto, se você está agindo honestamente e fazendo o que é certo da melhor maneira, reze todos os dias o salmo 90, citado na página 22. E mentalize paz e amor para a pessoa.

A FORÇA MAIOR DO MUNDO

A força dominadora do universo
é o amor.
O amor é Deus. O Amor criou
o mundo, a humanidade, você.
O famoso poeta Dante Alighieri
escreveu: *"O amor que move
o sol e todas as estrelas!"*
É o amor que faz a vida
e torna feliz o ser humano.
É pelo amor que você conquistará
o melhor da vida.
E todas as pessoas abençoarão
você.

ABRAÇO FINAL

Antes de me despedir,
quero dizer-lhe que foi com
muito prazer que estive com você
nesse livreto.
Só penso na nossa amizade e na
sua saúde, felicidade e bem-estar.
Seja pessoa positiva e otimista.
Coloque-se sob a proteção de
Deus, do seu anjo e dos Seres
Superiores da sua devoção.
Meu carinhoso abraço.

Lauro

PROVÉRBIOS E BRINCADEIRAS DO GÊNERO

Se ferradura desse sorte, burro não puxava carroça.

Se tamanho fosse documento, o elefante seria dono do circo.

Com papas e bolos enganam-se os tolos.

Macaco velho não mete a mão em cumbuca.

Nem tudo que reluz é ouro.

ÍNDICE

À MARGEM

Lauro Trevisan está lançando uma coleção de várias obras nesse formato e estilo.

O PODER DA PALAVRA

Uma obra que ensina o segredo das palavras poderosas e criadoras. 64 p.

FELIZ ANIVERSÁRIO

Ofereça este livreto ao aniversariante. Vale como cartão, mensagem e belo presente inesquecível. 36 p.

VESTIBULAR

Saiba Como Passar

Ensina o segredo para enfrentar o vestibular e concursos com sucesso. Não é quem sabe mais que passa, mas quem tem mais calma. Veja os métodos. 93 p.

O PODER DA FÉ

Esta obra contém o segredo que mudará sua vida. A fé move montanhas, cura, faz milagres, tudo alcança. Aprenda a usar essa Força todo-poderosa. 70 p.

A ORAÇÃO QUE TEM PODER

Você sabe que nem todas as orações alcançam o que é desejado. Você, com certeza, ora muito. Mas, sabe orar de verdade? Veja, nesta obra, a oração que tem Poder. 56 p

VIRE A MESA - FAÇA A SUA VIDA

Esta obra é para você, que está travado, sem saber o que fazer e quer sair de uma situação mas não sabe como. 60 p

O PODER INFINITO DA SUA MENTE 2

Esta obra também aborda o Poder em todas as dimensões. Trata-se de uma verdadeira enciclopédia, comprovando e ensinando a usar a mente para tudo alcançar. Se você quer conhecer o caminho, adquira O PODER INFINITO DA SUA MENTE 1 e o 2. Mais de milhão de exemplares vendidos. 357 p.